Virginie Grimaldi

Coralie Bruschi

LA COURSE DE RELAIS

hachette
JEUNESSE

Marthe la journaliste se rend à la grande finale de la course de relais, accompagnée de son fidèle photographe, Pedro. Quand ils entrent sur la piste, les sportifs sont en plein échauffement. « Je voudrais écrire un article sur vous, annonce Marthe en s'approchant de l'équipe bleue. Pouvez-vous m'expliquer les règles de l'épreuve ?

– Fastoche ! répond Hippauline, l’hippopotame. La course fait 400 mètres et on est quatre par équipe.

– Chacun d’entre nous parcourt 100 mètres et passe le relais au suivant, poursuit Léo DiProprio, le léopard. L’équipe la plus rapide gagne. »

Pendant qu'il prend des photos de l'équipe bleue, Pedro s'interroge.
« Je n'ai pas compris à quoi servait le bâton que vous vous donnez, dit-il.
Il vous aide à courir plus vite ?

– Mais non ! rigole Édouard, le busard. C'est ce qu'on appelle le relais. »
Pénélope l'antilope explique : « Celui qui court le garde dans sa main. Quand il arrive au bout, il le passe au suivant.
– D'accord, d'accord, fait Pedro. J'avais compris, c'était juste pour être sûr. »

Il ne reste plus que quelques minutes avant le début de la course.
« Comment vous sentez-vous ? interroge Marthe.
– Le stress commence à monter, avoue Édouard.

– Il faut dire que les autres équipes ont l'air sacrément prêtes, ajoute Hippauline en jetant un œil aux couloirs d'à côté.

– T'as raison, répond Pénélope. Et puis, personne n'a jamais gagné contre René le lévrier. »

Léo DiProprio annonce :

« Je vais faire un tour pour me dégourdir les pattes. »

Léo DiProprio sprinte pour se détendre et échauffer ses muscles.

« Aïe ! crie-t-il soudain.

– Que se passe-t-il ? s'enquiert Pénélope.

– Je me suis tordu la patte, répond le léopard. Je ne peux plus la poser.

– J’espère que ce n’est rien, soupire Édouard. Pour toi, avant tout, mais aussi pour la course… »

Le médecin arrive sur la piste, et, après examen, déclare que Léo ne peut prendre part à la compétition.

« C'est une catastrophe ! se lamente Léo DiProprio.
– Ne t'inquiète pas, on va trouver une solution !
promet Hippauline. Reviens-nous en forme ! »
Ses amis l'accompagnent jusqu'à la sortie de la piste.
« La course va commencer et il nous manque un coureur, gémit Édouard.

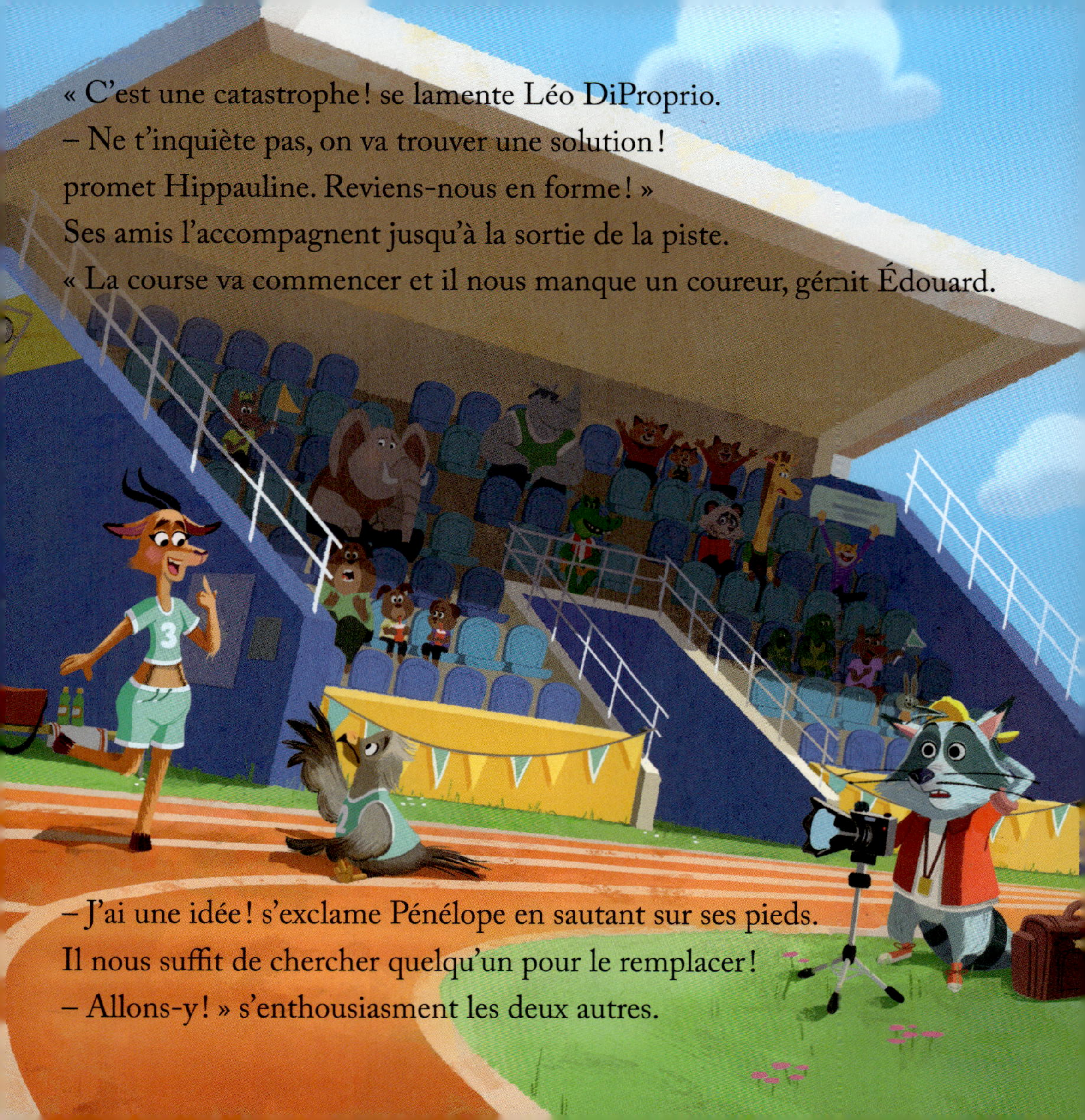

– J'ai une idée ! s'exclame Pénélope en sautant sur ses pieds.
Il nous suffit de chercher quelqu'un pour le remplacer !
– Allons-y ! » s'enthousiasment les deux autres.

« Le départ de la course de relais aura lieu dans trois minutes ! » annonce une voix dans le haut-parleur.
– Il faut qu'on se dépêche, déclare Hippauline.
Prenons la première personne qu'on trouve ! »

Juste à ce moment, un paresseux passe devant eux, tirant un chariot rempli de javelots.

– T'es sûre ? chuchote Édouard. On peut plutôt demander à la journaliste ou au photographe.

– Même pas en rêve, répondent les deux en chœur.

– On n'a pas le choix, réplique Pénélope. Mieux vaut perdre que ne pas participer ! »

En quelques mots, les trois athlètes de l'équipe bleue expliquent la situation au paresseux. Il rit.

« Vous voulez vraiment que je participe à une course ?

– Oui, vraiment, confirme Hippauline. Tu es notre dernière chance. Tu veux bien ?

– Si ça peut vous faire plaisir ! répond le paresseux, un peu étonné.

– Au fait, lui demande Pénélope, tu t'appelles comment ?

– Mon nom est Jean-Peuplu », répond leur nouveau coéquipier.

Après avoir énoncé les règles à Jean-Peuplu, Hippauline est la première à partir. Relais en main, au signal, elle s'élance sur la piste.
« Allez Hippauline ! » clament les trois autres.
L'hippopotame devance de peu ses adversaires, l'autruche, la lionne et l'aigle royal.

« Le public semble soutenir l'équipe rouge, remarque Marthe.
– C'est celle de René le lévrier, explique Pénélope, la star mondiale.
Tout le monde l'adore.
– Ça doit être génial quand tout le monde t'acclame, sourit Jean-Peuplu.
Je ne connaîtrai jamais ça ! »

Hippauline atteint la ligne de départ, à bout de souffle,
et passe le relais à Édouard, qui s'élance à son tour.
Pénélope la félicite :
« Bravo Hippauline. Tu nous as permis d'avoir un peu d'avance !

– Vous allez perdre à cause de moi, soupire Jean-Peuplu.

– Ne dis pas ça, lance Hippauline. Je suis sûre que tu en es capable. L'important est de faire de ton mieux. »

Édouard, les ailes déployées, donne tout. Mais le guépard de l'équipe violette le dépasse et prend la tête de la course. « ALLEZ ÉDOUARD ! » s'égosille Pénélope.

Pénélope est la troisième à prendre le relais.
Ses pattes agiles foulent le sol à toute vitesse.
« Je dois reprendre la tête, je dois reprendre la tête,
se répète-t-elle sans s'arrêter.
– Regardez ! s'écrie Hippauline.
Elle dépasse les violets !
– On est repassés premiers ! »
s'enthousiasme Édouard
en battant des ailes.

Jean-Peuplu commence à avoir les pattes qui tremblent.
Il se demande pourquoi il a accepté.
À quelques mètres de lui, René le lévrier se prépare,
sous les encouragements de la foule.

Pénélope revient et passe le relais au paresseux.
« Plus possible de reculer, se dit-il. C'est parti ! »
Les bleus sont en tête. Pendant quelques mètres, le paresseux savoure.
Jusqu'à ce que René le lévrier le dépasse à toute vitesse.
« ALLEZ JEAN-PEUPLU ! On croit en toi !, scandent les bleus.
– Je dois faire de mon mieux », se répète-t-il en repensant aux paroles d'Hippauline.

Porté par la voix de ses nouveaux amis, il se dépêche comme il ne s'est jamais dépêché. Mais cela ne suffit pas. L'étalon de l'équipe verte passe devant, rapidement suivi de la libellule de l'équipe rouge.

Les violets, les verts et les rouges ont déjà franchi la ligne d'arrivée.
Jean-Peuplu est le dernier athlète en piste.
Il sait que son équipe a perdu, mais il n'abandonne pas.
« JEAN-PEUPLU ! JEAN-PEUPLU ! »

Son nom résonne de plus en plus fort. Étonné, le paresseux lève la tête et regarde autour de lui. Dans les tribunes, tout le public est debout et crie son nom. Pedro, enthousiaste, ne cesse de le prendre en photo.

Lorsque Jean-Peuplu arrive enfin, la foule l'acclame, ainsi que les autres concurrents.

« Bravo ! le félicitent ses coéquipiers.

– Bravo d'avoir perdu ? s'étonne le paresseux.

– Non, de ne pas avoir abandonné ! répond Pénélope en riant. Tu as fait vibrer tout le monde !

– Un petit mot pour conclure ? » demande Marthe, la journaliste.

Jean-Peuplu réfléchit quelques instants, et répond :
« La plus belle victoire, c’est de faire de son mieux ! »

Où était caché Tibou ?

Loi n° 49-956 du 16 juillet 1949 sur les publications destinées à la jeunesse.

Publié par The Marketing Store Worldwide sous licence Hachette Livre. – Les marques suivantes sont la propriété exclusive de McDonald's Corporation et affiliés : Happy Meal, logo Golden Arches.
Édition exclusive The Marketing Store Worldwide pour McDonald's – ISBN : 978-2-38051-093-5
N° d'éditeur : 979-10-94132 – Achevé d'imprimer en Europe par TBB, a.s. en janvier 2024.
Lot: 144307/23 – Havi Global Solutions Europe GmbH, Geitlingstr. 20, 47228 Duisburg, Germany.
Dépôt légal : janvier 2024 – Dès 3 ans.

FSC
www.fsc.org
MIXTE
Papier | Pour une gestion forestière responsable
FSC® C022120